Våld och vapen i Bibelns värld och vår

Tro & Liv
Bibel

~1~

Tracy M. Lemos

Våld och vapen i Bibelns värld och vår

Två essäer

Enskilda Högskolan Stockholm

2020

Omslagsbild: Daniel Di Palma – Own work, CC BY-SA 4.0,
https://commons.wikimedia.org/w/index.php?curid=62819585

Redaktör och översättare: Thomas Kazen
Grafisk form: Carl Johan Berglund

Teologiska Högskolan Stockholm
Enskilda Högskolan Stockholm
Åkeshovsvägen 29, 168 39 Bromma, Sverige
http://www.ehs.se 08-564 357 00

Tryck: BoD – Books on Demand, Norderstedt, Tyskland
ISBN: 978-91-9828-307-5

Innehållsförteckning

Förord

Det här häftet är det första i en serie texter från Teologiska Högskolan Stockholm, Enskilda Högskolan Stockholm, som vill förmedla bibelvetenskaplig forskning i dialog med aktuella frågeställningar kring tro och mänskligt liv. *Våld och vapen i Bibelns värld och vår* innehåller två essäer av den amerikanska religionsvetaren Tracy M. Lemos (se baksidan för presentation).

Den första texten är från en offentlig föreläsning i Storkyrkan, Stockholm, i maj 2019, då Lemos tillbringande en vecka med föreläsningar och seminarier vid EHS. Den andra texten är en föreläsning från Fuller Theological Seminary. En bearbetad version publiceras parallellt på engelska i boken *Gods and Guns* på Westminster John Knox förlag.

De två essäerna behandlar frågor om våld och personskap, om krig och vapen, om massutrotning och mänskliga rättigheter. Det här är svåra frågor som i kristna sammanhang ofta har förenklats till att handla om "Gamla testamentets gudsbild", mot vilken kristendomen sedan kunnat te sig i så mycket bättre dager. Lemos låter sig inspireras av Jesus förhållningssätt, men reducerar inte problemen till en ohistorisk karikatyr av Israel eller judendomen och önsketänker inte heller om kristendomen. Istället visar hon på historiska, sociala, politiska och ekonomiska aspekter av bakgrunden till våldet i både Bibelns värld och vår. Resultatet blir en utmaning att avvisa det hierarkiska maktspråket och det "dominanta personskapet" för att välja en annan, mer sårbar väg.

Thomas Kazen

Folkmord och mänskliga rättigheter: Vad Bibeln berättar och inte

Tracy M. Lemos

I staden Miami, i den amerikanska delstaten Florida, bland stränder och apelsinträd, palmer och internationella konstfestivaler, finns ett uppseendeväckande minnesmärke över Förintelsen. Där står det, tolv meter högt, vid Miami Beach, mindre än fem minuter från stranden. Det är konstnären Kenneth Treisters skulptur av en hand som sträcker sig mot himlen. Uppför jättehanden klättrar dussintals nakna och utmärglade kroppar. Det är tydligt att de desperat försöker fly från sina plågor. Vi kanske inte förväntar oss att finna ett sådant ångestfyllt minnesmärke på en plats som Miami Beach, men statyns placering är faktiskt inte den enda aspekten som väcker uppmärksamhet eller ger motsägelsefulla intryck. Handen omges av en vattenspegel och reflekteras nedåt i vattnet. I spegelbilden tycks de torterade kropparna rasa ner från handen och falla ner i ångesten snarare än att lyckas fly ifrån den.

Jag blev uppmärksammad på det här konstverket genom ett studentprojekt. I en kurs där jag undervisar om Bibeln och våld bad jag studenterna att använda ett valfritt medium för ett kreativt projekt som skulle röra sig i skärningspunkten mellan antikt våld och våld i vår moderna värld. En student lämnade in ett fotografi av den här statyn, där den speglades nedåt i vattnet. Ovanför bilden hade han textat ord från Femte Moseboken i rödfärg. Orden var inte från *shema'*, en av judendomens viktigaste böner, som säger "Hör Israel, Herren vår Gud, Herren är en". Inte heller kom orden från ett annat av Femte Mosebokens uttalanden, där Israels gud, Jahve, uttrycker hur han utvalt israeliterna till att vara hans egendom. Nej, citatet som den här studenten hade valt att lägga bredvid bilden var inte lika upplyftande. Det kom från 5 Mos 7 och lyder:

> När Herren, din Gud, för dig in i det land du kommer till och tar i besittning driver han undan många folk för dig: hettiterna, girgasheerna, amoreerna, kanaaneerna, perisseerna, hiveerna och jevuseerna... När Herren, din Gud, överlämnar dem åt dig och du besegrar dem skall du viga dem åt förintelse. Du får inte sluta förbund med dem eller visa skonsamhet mot dem (5 Mos 7:1–2).[1]

---

[1] Bibeltexter citeras ur Bibel 2000 om inte annat anges.

I den här studentens kreativa projekt ställdes alltså ett mycket kraftfullt minnesmärke över folkmordet på miljontals judar *bredvid* ett uttalande från den hebreiska Bibeln som befaller att en mängd främmande folk ska förintas. Ett konstverks motsägelse blandas med motsägelsen i ett annat.

Det är kanske besvärligt och obehagligt att tala om folkmord i Bibeln, men det är viktigt ur en historisk synvinkel. Om vi vill begripa orsakerna till folkmord, folkmordets fenomenologi och förhållandet mellan folkmord och andra typer av våld, så kan vi inte begränsa våra analyser till sådant våld som får oss att känna mindre obehag. Vi måste anstränga oss att jämföra antika fall med moderna fall, och fall från många olika kulturer, i våra försök att förstå bredden och djupet av det våld som leder till folkmord. Enstaka fall ger oss nämligen ingen vägledning för hur vi ska förhindra folkmord, men om vi kan förstå vilka faktorer som är gemensamma för olika historiska sammanhang och som orsakat folkmord, kan vi utveckla strategier för att förhindra extremt våld från att flamma upp i framtiden.

Detta är en fråga jag återkommer till. Först beskriver jag beläggen för folkmord i den hebreiska Bibeln, den textsamling många av oss känner bättre som Gamla testamentet; sedan diskuterar jag belägg för folkmord från andra västasiatiska områden utanför det gamla Israel; efter detta behandlar jag det historiska sammanhanget och andra sociala och kulturella faktorer som jag menar ledde till att grupper i det här området utövade etniskt våld mot andra. Jag avslutar med några kommentarer om det antika materialets implikationer för etniskt våld i vår värld, utifrån ett människorättsperspektiv.

Men låt mig, innan jag gör något av detta, vara tydlig med vad jag menar med termen "folkmord". Frågan om vad folkmord är kan tyckas ha ett självklart svar, men faktum är att forskarna är oense om definitionen. Somliga forskare föredrar snäva definitioner och begränsar folkmord till förintelsen eller till nationella eller etniska folkutrotningar. Andra forskare – och de är fler till antalet – föredrar en bred definition som inte bara omfattar utrotning av etniska grupper men våld mot andra sociala grupper, till exempel politiska grupper eller sexuella minoriteter. I den här föreläsningen fokuserar jag huvudsakligen på beskrivningar som kan betecknas som etnisk utrotning eller etnisk rensning, det vill säga utrotande eller försök till utrotande av en etnisk grupp, snarare än andra typer av folkmord. Etnisk rensning är den typ av utrotningsvåld som tydligast framträder i den textsamling vi kallar den hebreiska

Bibeln eller Gamla testamentet och därför väljer jag att diskutera sådana exempel.

Det är lätt att förstå varför min student valde att citera från Femte Moseboken om vi söker exempel på folkmord i den hebreiska Bibeln. Femte Moseboken och Josua, som förmodligen skrevs av samma grupp av författare, innehåller uppmaningar till våld och beskrivningar av våld av ett slag som knappast kan uppfattas som något annat än folkmord. I 5 Mos 7 finner vi, som vi redan sett, ett gudomligt påbud om folkmord mot specifika etniska grupper och 5 Mos 20 uttrycker sig nästan identiskt i denna fråga. "Men i städer som tillhör dessa folk och som Herren, din Gud, vill göra till din egendom får du inte skona en enda levande varelse" säger Jahve till israeliterna i den här texten (20:16). Kapitel 2 och 3 i samma bok beskriver också utrotningsvåld. I kapitel 2, till exempel, säger textens Mosegestalt:

> Herren sade till mig: "Nu börjar jag, jag överlämnar Sichon och hans land åt dig. Börja erövringen, ta hans land i besittning!" Med allt sitt folk drog Sichon ut för att möta oss i strid vid Jahas. Herren, vår Gud, överlämnade honom åt oss, och vi dödade honom, hans söner och allt hans folk. Då intog vi också alla hans städer och vigde alla männen där åt förintelse, och även kvinnorna och barnen. Vi lät ingen komma undan (5 Mos 2:31–34).

Uttrycket "viga åt förintelse", egentligen "utföra *ḥērem*", betyder att fullständigt eliminera, att utrota. Det har ofta översatts eufemistiskt med "förbjuda" eller "ställa under förbannelse", men när det gäller mänskliga populationer handlar det helt enkelt om total slakt, ingenting som andas lämnas levande.

Ḥērem, detta bloddrypande folkmord som Femte Moseboken befaller, genomförs i Josuaboken, i en utförlig och detaljrik beskrivning av israeliternas massaker på invånarna i Kanaan. I Femte Moseboken får israeliterna order om att döda, och i Josua dödar de. Jos 10 ger ett av flera exempel på utrotningsvåld:

> Josua erövrade hela landet, bergsbygden och Negev, Låglandet och branterna, och besegrade alla dess kungar. Han lät ingen komma undan. Han vigde allt levande åt förintelse, så som Herren, Israels Gud, hade befallt (Jos 10:40).

Uttrycket "viga åt förintelse" (*ḥērem*) som används för utrotningsvåld här, förekommer också i andra bibelböcker, nämligen 4 Mos 21, 1 Sam 15, 1 Kung 9 och 20, 1 Krön 4, och en gång i den bok som kristna har stor förkärlek för, nämligen Jesaja, i kapitel 34, där lejonet definitivt inte samsas med lammet och där det inte finns någon fredsfurste, utan snarare en krigargud som mättar sitt glupska svärd med blodet från de slaktade edo-meerna.

Förutom en känsla av obehag gissar jag att en eller två frågor dyker upp i ditt huvud. Först kanske du undrar varför de här texterna skrevs. Beskriver de verkligen historiska händelser? Är de historiskt korrekta? Vad för slags historiska situationer var de svar på? Sedan kanske du tänker: var inte den här typen av våld egentligen vardagsmat i antiken? Ägnade sig inte alla forntida imperier åt utrotningsvåld?

Låt mig börja med den sista frågan om hur vanliga eller allmänt förekommande folkmord var i antiken. Det är lite ironiskt, men under decennier har det varit ganska vanligt bland forskare att hävda att folkmord är resultat av det moderna samhället och den moderna nationalstaten, det vill säga att folkmord kommer ur moderna pseudovetenskapliga föreställningar om ras och ur våra opersonliga moderna byråkratier som underlättar spridning och eliminering av ansvar för brottsliga handlingar.[2] Men på senare tid har

---

[2] Zygmunt Bauman skriver, "Modern civilization was not the Holocaust's *sufficient* condition; it was, however, most certainly its *necessary* condition. Without it, the Holocaust would be unthinkable." Han pekar på fyra centrala drag i moderniteten: nationalism, "vetenskaplig" rasism, teknologisk komplexitet och byråkratisk rationalisering. Se Zygmunt Bauman, *Modernity and the Holocaust* (Ithaca, NY:

komparativ historisk forskning tydliggjort att rötterna till utrotningsvåld faktiskt sträcker sig mycket längre tillbaka. Leo Kuper uttrycker saken enkelt: folkmord – "ordet är nytt, företeelsen är gammal".[3] Och när vi ser på texter som 5 Mos 20 är det ganska förvånande att den modernistiska hypotesen om folkmord över huvud taget kunde ha ett sådant inflytande.

Jag tänker inte gå in på frågan om exakt när vi ser de tidigaste exemplen på folkmord i historisk eller förhistorisk tid, eftersom det är svårt att avgöra och skulle bli en helt annan föreläsning. Det är tillräckligt att konstatera att vi faktiskt har åtskilliga exempel på folkmord innan den moderna

Cornell University Press, 2000 [först publicerad 1989]), s. 13, 53–55. Se också Michael Mann, *The Dark Side of Democracy: Explaining Ethnic Cleansing* (Cambridge: Cambridge University Press, 2005); Michel Foucault, som bidrar med viktiga synpunkter i frågan i *The History of Sexuality: An Introduction*, vol. 1 (Övers. Robert Hurley; New York: Vintage, 1978 [franskt original 1976]), s. 136–137; Richard L. Rubenstein, *The Cunning of History: Mass Death and the American Future* (New York: Harper and Row, 1975); Jack Nusan Porter, Introduction: What is Genocide? Notes Toward a Definition, i Jack Nusan Porter (red.), *Genocide and Human Rights: A Global Anthology* (Washington, DC: University Press of America, 1982), s. 15; och Martin Shaw, *What is Genocide?* (2 uppl.; Malden, MA: Polity Press), s. 133–137, 140–145, som sammanfattar och kritiserar teorin.

[3] Leo Kuper, *Genocide* (New Haven, CT: Yale University Press, 1981), 11.

eran tar sin början. Ett välkänt fall, som klassificerats som folkmord och även kallats det första folkmordet, är romarnas anfall på Kartago 146 fvt. Däremot skulle det vara felaktigt, trots detta och andra exempel, att påstå att folkmord var vanligt under antiken. Faktum är att om vi finkammar hundratals sidor av kungliga inskriptioner från det assyriska imperiet så finner vi oerhört många fall av brutalt våld – fångar som flås och deras flådda skinn hängs upp, halshuggningar där huvudena staplas i högar, ungdomar som eldas upp, besegrade fiender som får remmar genom käkarna, och så vidare. Vad vi inte finner är tydliga exempel på folkmord. Det ska genast sägas att vi finner exempel på vad som *skulle* kunna beskrivas som utrotningsvåld, liksom många exempel där städer förstörs. Om vi ser detta som en mesopotamisk typ av folkmord så *skulle* vi kunna dra slutsatsen att här har vi exempel på folkmord. Men ni märker mina reservationer, som beror av att det här är inte klara och tydliga fall. Vi skulle möjligen kunna klassificera dem som folkmord, men de är inte folkmord som utrotningsvåld i ordets vedertagna betydelse.

Det är alltså inte på grund av att alla andra grupper i regionen skrev om, eller praktiserade, folkmord som israeliterna skrev om folkmord. Nej, folkmord beskrivs mycket tydligare i israeli-

17

tiska än i mesopotamiska källor. Men trots detta var israeliterna inte den enda gruppen i det antika Västasien som tydligt beskrev folkmord. Deras grannar, moabiterna, gjorde det också. Mesha-inskriptionen från Moab, daterad till mitten av 800-talet fvt, innehåller faktiskt samma ord, *ḥērem*, som vi finner i olika bibeltexter som handlar om utrotningsvåld gentemot specifika etniska grupper. Det relevanta avsnittet i texten lyder:

> Jag är Mesha, son till Kemosh-yat, kung av Moab, diboniten… Omri var kung över Israel och han förtryckte Moab många dagar eftersom Kemosh var vred på hans land. Hans son efterträdde honom och han sade också, "jag vill förtrycka Moab". I mina dagar sade han så. Men jag segrade över honom och över hans hus, och Israel har utplånats fullständigt för evigt! … Nu sade Kemosh till mig, "gå och ta Nebo från Israel". Så jag gick om natten och stred mot den från gryningen till middagstid. Jag tog den och jag dödade alla i den – sju tusen vuxna män och ungar, vuxna kvinnor och ungar, och havande kvinnor – för jag utförde *ḥērem* (där) för ʿAshtar-Khemosh (rad 1–2, 4–7, 14–17).[4]

---

[4] Den här översättningen baseras på Kent P. Jackson, The Language of the Meshaʿ Inscription, i J. Andrew Dearman (red.), *Studies in the Mesha Inscription and Moab* (Atlanta: Scholars Press, 1989), s. 97–98, med emendationer utifrån

Det finns ett ord i den här texten som är lite svårt att översätta, men det betyder bokstavligen *unge*, "avkomma till ett djur". Här används det om mänsklig avkomma i ett slående exempel på avhumanisering av den israelitiska befolkningen som den här moabitiske kungen påstår sig ha utrotat.

Nu kan vi förstås ställa mer specifika historiska frågor. Medan alla forskare är överens om Mesha-inskriptionens datering så finns många olika åsikter om när Femte Moseboken och Josuaboken skrevs och varför skildringarna där ser ut som de gör. Du tänker kanske att åtminstone några forskare borde datera dessa texter till den tid då Mose och Josua skulle ha levat, om de var historiska personer, men så gott som ingen i forskarsamhället tänker så över huvud taget. Vi har nämligen ganska mycket arkeologiskt underlag för den tidsperioden och det bevismaterialet stämmer helt enkelt inte med vad Josuaboken beskriver. Konsensus bland arkeologer och bibelvetare under två eller tre decennier har varit att israeliterna inte besegrade Kanaan utan framträdde snarare som

---

rekonstruktioner gjorda av Jackson och J. Andrew Dearman, The Text of the Mesha' Inscription, s. 92–95 i samma volym, liksom förslag vad gäller läsningar av enskilda ord av W. F. Albright, André Lemaire, Edward Lipínski [den svenska översättningen utgår från Lemos engelska version; övers. anm.].

etnisk grupp kring år 1200 fvt ur resterna av de kanaaneiska stadsstaterna. Dessa stater förstördes av inträngande havsfolk från medelhavsområdet och av inre oroligheter på grund av ekologiska förändringar, sönderfallande handelsnätverk och stora massförflyttningar bland befolkningar. Israeliterna uppstod som ett folk som resultat av dessa förändringar, men de förorsakade inte dessa förändringar.

De flesta forskare daterar inte Femte Moseboken och Josuaboken ens i närheten av 1200 fvt, utan snarare flera århundraden senare, till kung Josias regeringstid under 600-talet fvt, eller ett århundrade eller så efter denna. Men för att förstå den historiska bakgrunden till dessa böcker, med sina befallningar om folkmord, så behöver vi gå tillbaka några århundraden i tiden. Det är nödvändigt, inte bara för att Mesha-inskriptionen kan dateras till omkring 850 fvt, utan för att det etniska våld vi möter i den texten också bara kan förstås mot bakgrund av processer som pågått i regionen under flera hundra år och som, menar jag, resulterade inte bara i våld mellan olika grupper utan ledde till våld med karaktär av folkmord.

Efter den sena bronsålders-världens sammanbrott, runt år 1200 fvt, så gick regionen vi skulle kalla Levanten eller Syro-Palestina in i en period av ruralisering och landsbygdsliv som såg ganska annorlunda ut än den urbaniserade, byråkratiska världen under den sena bronsåldern. Områden som tidigare varit förbundna med varann genom handel och imperialism blev nu isolerade och fokuserade på självförsörjning och överlevnad. Ett slags maktvakuum uppstod i regionen efter det att imperierna i den antika Främre Orienten hade fallit samman eller vänt sig inåt för att återhämta sig. Befolkningstätheten i Syro-Palestina var mycket lägre än den hade varit tidigare, och de flesta människor bodde i små byar. Detta var järnålderns värld. Hur annorlunda var den inte jämfört med den era som hade föregått den!

Men denna ganska enkla värld skulle inte bestå. Under de närmast följande århundradena växte befolkningen i den här regionen ofantligt. Runt år 1200 fvt var västra Palestinas befolkning cirka 60–70 000 människor. Kring år 1000 fvt hade befolkningen ökat till ungefär 150 000. Vid mitten av 700-talet fvt så fanns i Israels norra och södra riken runt 460 000 invånare. Den här smått extrema befolkningsökningen var inte ett fenomen som bara begränsades till israeliternas region, utan en vidare tendens i området. Transjordanien upplevde också befolkningstillväxt under samma period. Även i Edom ser vi belägg för ett ökat antal bosättningar. Det är inte överraskande om så stora befolkningsökningar ledde till brist på mark och andra resurser och till konkurrens mellan sociala och etniska grupper i samma område. Och detta är precis vad arkeologiska och litterära källor pekar på.[5]

---

[5] Magen Broshi och Israel Finkelstein, The Population of Palestine in Iron Age II, i *BASOR* 287 (1992), s. 47–60, särskilt s. 54. Finkelstein höjer till och med uppskattningen något i en senare studie: The Archaeology of the Days of Manasseh, i Michael D. Coogan, m.fl. (red.), *Scripture and Other Artifacts: Essays on the Bible and Archaeology in Honor of Philip J. King* (Louisville, KY: Westminster John Knox, 1994), s. 169–187. Ziony Zevit menar att Broshi och Finkelstein gör en grov underskattning av befolkningen, i ljuset av mycket högre siffror från olika skriftliga källor, både bibliska och assyriska, men jag tycker han är alltför godtrogen vad gäller det litterära materialet. Se Ziony Zevit, Implicit Population Figures and Historical Sense: What Happened to 200 150 Judahites in 701 BCE?, i Seymour Gitin, J. Edward Wright och J. P. Dessel (red.), *Confronting the Past: Archaeological and Historical Essays on Ancient Israel in Honor of William G. Dever* (Winona Lake, IN: Eisenbrauns, 2006), s. 357–366. Oded Lipschits finner också Broshis och Finkelsteins uppskattningar lite låga och argumenterar för att de räknar antalet befolkade *dunam* [turkiskt landmått; övers. anm.] vid slutet av Järn II-perioden i underkant (*The Fall and Rise of Jerusalem: Judah Under Babylonian Rule* [Winona Lake, IN: Eisenbrauns, 2005], s. 248). Lipschits listar och gör en kortfattad genomgång av olika uppskattningar av befolkningen i Palestina under olika epoker (ibid., s. 259–261). Adam Zertal kritiserar Finkelstein och Zvi Lederman för att inte skilja mellan vad han kallar Järn II and Järn III, det som andra arkeologer kallar Järn IIB and Järn IIC, i deras survey av södra

Arkeologiska landskapsundersökningar visar att även i ganska ogästvänliga zoner var landet tätbefolkat under den period då Mesha-inskriptionen och många bibliska källor skrevs. Förutom de arkeologiska beläggen så talar olika bibeltexter om markkoncentration och hur välstånd samlas i händerna på eliten, vilket minskade tillgången på land för traditionellt jordbruk ytterligare. Profetböckerna är fulla av belägg för sociala klyftor baserade på olikheter i välstånd,[6] och texterna som ger belägg för en ökning av dessa klyftor stämmer väl överens med mängder av arkeologiska belägg som visar att klyftorna ökade.

Alla dessa sociala förändringar ägde rum samtidigt som det neo-assyriska rikets uppgång lade

---

Samarien. Se Adam Zertal, The Province of Samaria (Assyrian *Samerina*) in the Late Iron Age (Iron Age III), i Oded Lipschits och Joseph Blenkinsopp (red.), *Judah and the Judeans in the Neo-Babylonian Period* (Winona Lake, IN: 2003), s. 377–412, särskilt s. 400; samt Israel Finkelstein och Zvi Lederman (red.), *Highlands of Many Cultures: The Southern Samaria Survey*, vol. 1 och 2 (Monograph Series 14; Tel Aviv: Tel Aviv University, 1997). Finkelsteins och Broshis befolkningsuppskattning baseras delvis på denna landskapsundersökning (survey). De två diskuterar sitt val att inte skilja mellan underfaserna till Järn II i Population of Palestine, s. 47–48. Se nedan för befolkningsuppskattningar av den sena Järn II-perioden (=Järn III).

[6] Se Jes 3:14–15; 10:1–2; Amos 2:6–7; 4:1; 5:11; 8:4–6; Mika 3:9–11; bland många andra exempel.

ett allt högre tryck på de små kungarikena i det
antika Västasien. Det maktvakuum som uppstod
vid slutet av den sena bronsåldern när imperierna
föll sönder och samman, fylldes nu ut av neo-
assyrierna, som sakta men säkert trängde västerut,
tills deras rike uppslukade det antika Västasiens
småstater. Vi borde förvänta oss att växande be-
folkningar och krympande resurser skulle leda till
olika slags spänningar och till konkurrens mellan
olika grupper.

Det är precis vad som skedde. Vi kan se belägg
för detta både i bibliska källor och i andra texter,
som beskriver konkurrens och våld mellan et-
niska grupper i den här regionen, inklusive israe-
literna. En anmärkningsvärd text från Amos bok
lyder:

> Så säger Herren: Brott på brott har ammoniterna
> hopat, jag vill inte dröja med domen. De skar upp
> havande kvinnor i Gilead *när de ville vidga sitt väl-*
> *de* (Amos 1:13, min kursivering).

I 2 Kung 15 finner vi ett liknande fall av våld mot
havande kvinnor, fast våldet denna gång utförs av
en israelitisk kung.

Varför skulle någon skära upp gravida kvin-
nor, undrar du kanske? Detta är en våldshandling
som också utfördes under folkmordet i Rwanda
och uttrycker en önskan om att förstöra en grupp

ända ner i grunden genom att eliminera kommande generationer på det mest fruktansvärda sätt vi kan tänka oss. Du kanske kommer ihåg att Mesha-inskriptionen också specificerade våld mot havande kvinnor. I var och en av dessa tre texter finner vi samma typ av groteskt utrotningsvåld som utförs av en liten västasiatisk grupp gentemot en annan västasiatisk grupp som de konkurrerar med om ett territorium där all brukbar mark redan var upptagen.

Min referens till Rwanda gjordes inte av en slump. Faktum är att det rwandiska folkmordet 1994 förmodligen är det bästa exemplet på ett fall där folkmord hänger tätt samman med kraftiga befolkningsökningar och brist på jordbruksmark, vilket leder till stora påfrestningar för ett avsevärt antal människor i en region att klara sitt uppehälle. Jag har analyserat sambanden mellan folkmordet i Rwanda och våldshandlingar i Västasien i en artikel 2015. I det bidraget argumenterar jag för att vi måste se på flera faktorer för att förstå folkmord, i linje med ny forskning kring folkmordens orsaker.

Det betyder att vi inte förenklat kan påstå att snabba demografiska förändringar och brist på mark *orsakar* folkmord. Många gånger leder resursbrist och extrem fattigdom *inte* till folkmord, och det finns ingen magisk formel för att förutspå när folkmord kommer att äga rum. Det är snarare så att det alltid finns flera samverkande faktorer som leder till folkmord i vissa situationer, och hur olika faktorer samverkar i olika fall är inte alltid lika. I fallet Rwanda ser vi demografiska och materiella faktorer i kombination med delade sociala identiteter och en kulturell betoning på likriktning och auktoritära beteenden; den här kombinationen ledde till ett utbrott av utrotningsvåld.

Jag har argumenterat för att dessa faktorer också låg till grund för etniskt våld i Västasien, inklusive det gamla Israel. I Josuaboken finner vi ett porträtt av en auktoritär regent som kräver och erhåller absolut lydnad av israeliterna. Likaså betonar Femte Moseboken lydnad och åter lydnad. Bägge böckerna förknippar också gång på gång våld med erövring av territorium och fördrivning av tidigare invånare. Dessutom lutar sig Femte Mosebokens och Josuabokens auktoritära och centraliserande agenda på tydliga gränsdragningar mellan israeliter och utomstående. Författarna av de här texterna använde sig av och formade ett allmänkulturellt fokus på att markera gränserna mellan Israel och andra, genom att överdriva kulturella skillnader och nödvändigheten av att vidmakthålla en åtskillnad mellan grupper. I såväl Rwanda som det gamla Israel finner vi något närmast maniskt över etniska gränsdragningar, i situationer där grupper som i verkligheten inte verkar ha skilt sig särskilt mycket åt kämpade för att behålla sin tillgång till en ständigt krympande mängd resurser och försöka tillskansa sig andra gruppers tillgångar. Det är slående hur många likheter vi kan finna mellan fallen Rwanda och Israel.

En stor skillnad mellan de två fallen är förstås att i det antika Västasien överskuggades våldet mellan små grupper i regionen av våldet från de stora imperiernas arméer, när assyrier och sedan babylonier kom att genomgripande och brutalt dominera den här regionen. På grund av detta minskade förmågan hos Levantens grupper att utsätta varandra för våld, till viss grad. Men spänningarna levde kvar under århundraden. År 586, när babylonierna straffade det två gånger upproriska södra israelitiska riket genom att förstöra dess huvudstad och plundra dess tempel, så hejade uppenbarligen israeliternas edomeiska grannar på babylonierna, så att vi läser i Psaltaren:

Herre, tänk på Jerusalems olycksdag, hur edomeerna ropade: "Riv ner, riv ner till grunden" (Ps 137:7).

Obadjas bok är visserligen den kortaste i den hebreiska Bibeln, men den ägnar sig i sin helhet åt att fördöma edomeerna för deras skadeglädje och nedkalla hämnd över dem.

I såväl Femte Moseboken som i Josuaboken, liksom i andra texter från de hebreiska skrifterna, finner vi tydliga exempel på folkmordsretorik och beskrivningar av utrotningsvåld. I likhet med sina nära grannar och konkurrenter moabiterna, hade israeliterna uppenbarligen behov av att skapa den här typen av folkmordsskildringar under första halvan av första årtusendet fvt, när konkurrensen om grundläggande tillgångar nådde fruktansvärda nivåer. Även om Femte Moseboken och Josuaboken inte är historiskt korrekta skildringar av erövringen av Kanaan så framställer de ändå modeller för utrotningsvåld i linje med det etniska våld som beskrivs i Mesha-inskriptionen och i andra källor. Genom att skriva in utrotningsvåld i ett idealiserat mosaiskt förflutet legitimerade Femte Moseboken och Josuaboken våld mot andra grupper. De lyckades med detta på ett så övertygande sätt att puritanerna som bosatte sig i de amerikanska kolonierna på 1600-talet använde dessa bibeltexter för att rättfärdiga slakten av ursprungsbefolkningarna i de områden som de ville göra anspråk på åt sig själva. Såväl i antiken som under tidig modern tid kom Mosegestalten, som i egenskap av Guds eget språkrör kommenderar folkmord, att bli en alltför kraftfull bild för att kunna motstås när människor sökte religiösa sanktioner för utrotningsvåld mot grupper som de ansåg vara underlägsna.

I det gamla Israels historiska sammanhang ledde babyloniernas angrepp mot Juda och påtvingade folkförflyttningar av eliterna i området till en markant minskning av befolkningen. Ändå fortsatte de etniska konflikterna. Arkeologen Jonathan Haas har argumenterat övertygande för ett samband mellan våld mellan grupper och brist på materiella förnödenheter och/eller ekologiska belastningar. Men även när bristen avtar och den ekologiska situationen blir bättre så kan våldscyklerna fortsätta under århundraden innan de lägger sig. Givetvis var våldshandlingar och orsaker till våld extremt komplexa processer i det antika Västasien, när lokala ojämlika och våldsamma strukturer samverkade med och förstärkte regionala mönster för våld, som i sin tur samspelade med imperiernas transregionala våldsmönster, och vice versa. Utrotningsvåld är ingen isolerad företeelse. Det är tätt sammanvävt med andra typer av våld. Det är ändå viktigt att fundera över de långvariga effekterna av extremt våld, som inte snabbt går över av sig självt. De strukturella, materiella, kulturella och psykologiska effekterna av våld lever vidare över generationer. Det här fenomenet kan exemplifieras inte bara av enstaka bibeltexter från olika tidsperioder, utan också av den obestridliga mängd av bibliska texter som beskriver och föreskriver våld. Ekon av våld i det förflutna förenas med senare generationers rop och formar en kuslig kör av röster, ett moln av inte bara vittnen och offer, utan av potentiella förövare och – kanske det mest obehagliga av allt – offer som samtidigt också var förövare.

Jag har redan kortfattat refererat till material från vår tid, men nu börjar det bli dags att mer genomgående växla fokus till frågor om samtida följder och till rubriken på den här föreläsningen: vad Bibelns texter om utrotningsvåld kan och inte kan säga oss om folkmord, våld och mänskliga rättigheter idag. Att jämföra israelitiskt etniskt våld och rwandiskt etniskt våld kändes på många sätt naturligt för mig, på grund av likheterna mellan demografiska och andra sociala realiteter och kriser i det antika Västasien under första hälften av det första årtusendets fvt och i Rwanda under andra hälften av 1900-talet. Samspelet mellan olika materiella och kulturella faktorer som ledde till extremt våld i bägge situationerna bör fungera som väckarklocka för alla som idag är intresserade av att förhindra sådant våld från att bryta ut igen, nu och i den närmaste framtiden. I bägge fallen handlar det om en kombination av grundläggande resursbrist och oförmåga att möta människors grundläggande behov, och skenande kulturella tendenser att konstruera etnisk identitet i skarpa och exklusiva termer. På bägge platserna vände de kulturella eliterna uppmärksamheten bort från sitt eget rovaktiga beteende gentemot det egna folket, genom att skapa främmande syndabockar och porträttera dem som skurkaktiga, närmast demoniska hot, som måste elimineras för den egna gruppens överlevnads skull. Konkurrensen om resurser i de här områdena var verklig, men kulturella faktorer och sökandet efter syndabockar gav intrycket av att resursbristerna kunde lösas genom att slakta angränsande grupper och se dem som "andra", djuriska och utan något mänskligt värde.

Folkmordsforskare har redan väckt frågan om klimatförändringar kommer att leda till fler folkmord. Jag tror att frågan är logisk att ställa. Inte så att resursbrist per definition måste leda till utrotningsvåld, men brist på materiella tillgångar kombinerat med exkluderande identiteter och retorik blir lätt till en giftig cocktail. Och det sätt på vilket exkluderande identiteter konstrueras i Femte Moseboken och Josuaboken, i Mesha-inskriptionen och i rwandisk propaganda från 90-talet, liksom i nazistisk propaganda från 30- och 40-talen, har fått ett skrämmande uppsving under de senaste åren. Tänk bara på USA:s president

Trump, som regelbundet använder avhumaniserande språk om dem han uppfattar som fiender och kallar dem "hundar", "grisar" och "djur", som har uttryckt sig gillande om tortyr, underblåst våld vid politiska kampanjer, och understött så brutala riktlinjer som att skilja barn och spädbarn från mammor som tagit sig in i USA olagligt eller sökt asyl vid den södra gränsen. Den här utvecklingen mot avhumaniserande retorik och påtagligt våldsamt språk, liksom känslolösa sociala regelverk, är inget unikt för USA utan del av en bredare trend som vi ser i många delar av världen.

Det är den trenden som gett oss Bolsonaroregimen i Brasilien, extremhögerns växande popularitet och inflytande i många europeiska kulturer och den auktoritära repressionen i Turkiet. Den här globala trenden har komplexa rötter, men är definitivt relaterad till växande inkomstklyftor, den globaliserade kapitalismens destabiliserande strukturer, storskaliga folkomflyttningar och rädslan bland priviligierade grupper, som vita män, att förlora status. Ekologiska förändringar sker redan i allt snabbare takt och kommer definitivt att ytterligare förvärra alla dessa problem i framtiden.

Våra uppfattningar om mänskliga rättigheter relaterar förstås till de här problemen och till våra försök att lösa dem. Förr grundade sig uppfattningar om mänskliga rättigheter huvudsakligen på filosofiska upplysningstankar om agentskap, intellektuell frihet, intellektuella uttryck och självbestämmande. Vi kan kalla den här synen på människan för "starkt personskap" eftersom den grundar sig på föreställningen om en stark, självständig agent som rör sig genom världen i stort sett obehindrat.

Men den här förståelsen av människan, och föreställningen om mänskliga rättigheter som kommer ur den, relaterar mycket lite, menar jag, till de omständigheter som ledde till våld i det gamla Israel eller i 1900-talets Rwanda eller i många andra sammanhang. Långt mer grundläggande än behovet av att uttrycka sig eller kunna göra obehindrade val är nödvändigheten av att få sina basala materiella behov tillgodosedda. Det går inte att uppnå social stabilitet i ett sammanhang av yttersta nöd, och om sammanhanget i vilket våra behov tillgodoses är fundamentalt sammanlänkat och globalt, så kommer extrem nöd i en del av denna sammanlänkade värld alltid att spilla över i andra områden och destabilisera det större systemet. Förutom materiella brister finns en annan faktor bakom våld i många sammanhang, nämligen strävan efter status och mer specifikt hur social status och tillgång till mänsklig värdighet konstrueras i termer av konkurrens. Detta är nå-

got som Femte Moseboken, Rwandas folkmords-
propaganda och dagens extremhöger uttryckligen
har gemensamt – en djupt rotad fruktan att för-
lora status i relation till andra grupper. I alla dessa
grupper ses status och personskap som nollsum-
mespel. Om en grupp ges status så måste en an-
nan grupp betraktas som underlägsen. Status kan
inte delas, enligt det här synsättet. Om kvinnor
vinner status så betyder det att män förlorar den.
Om svarta amerikaner kräver att behandlas med
värdighet, då måste det betyda att de vill ta vär-
dighet från vita amerikaner.

Ännu värre, enligt den här uppfattningen om
status så konstrueras personskap som någonting
som kan raderas ganska enkelt, så att om status
förloras så följs detta ofta av avhumanisering.
Mänsklig värdighet blir en bristvara och en för-
brukningsvara som måste upprätthållas genom
aggression och, om nödvändigt, genom våld. Det
finns något viktigare än att uttrycka sig själv, nå-
got viktigare än frihet att göra vad vi vill i världen,
något som verkar så nödvändigt för så många
grupper genom historien, något så centralt bakom
utbrott av våld, och därmed för förhindrandet av
våld, nämligen att beviljas respekt och att få sina
grundläggande fysiska behov tillgodosedda. Det
handlar inte om det ena eller andra, utan om
båda. Och dessa två uttrycks så ofta i liknande

ord, när människor ser social status som en brist-
vara som de måste slåss, både bildligt och bok-
stavligt, för att få behålla.

Det är nog ganska uppenbart att jag är skeptisk
mot Liberala – jag menar amerikanskt Liberala
med stort L – diskurser om mänskliga rättigheter,
eftersom de är genomsyrade av ett mycket platt
och naivt upplysningsideal vad gäller agentskap,
men jag är också skeptisk mot nyliberala diskur-
ser om pluralism och individualism, som också är
naiva och otillräckliga. Jag föredrar hellre en neo-
materialistisk syn på etik och mänskliga uttrycks-
former som tar såväl materiella som kulturella
faktorer på allvar. Trots allt är vi, som mänskliga
varelser, materiella skapelser med fysiska behov –
behov som formar oss på djupet och inte är ovid-
kommande för vilka vi är – men vi är också soci-
ala varelser, outplånligt formade av våra socio-
kulturella sammanhang. All önskan om autonomi
och självuttryck är bara partiell och kringgärdas
starkt av kulturella förväntningar och materiella
begränsningar.

Problemet med Liberalismen är att den upp-
fanns av europeiska manliga eliter som inte tog
sociala orättvisor och ojämlik tillgång till resurser
tillräckligt allvarligt, just eftersom de var eliter.
Och problemet med nyliberalismen är närbesläk-
tad på det viset att nyliberalismen visserligen för-

söker montera ner tävlingsinriktade synsätt på identitet och social status i den retoriska sfären men gör för det mesta ingenting för att förbättra den ojämlika tillgången till resurserna. Faktum är att nyliberala ekonomiska strukturer har lett till större ekonomiska ojämlikheter, inte mindre. Därför ska vi inte bli förvånade över att nyliberalismen idag slits sönder av högerextrema populistiska rörelser som syftar till att distrahera dem som är rädda att förlora status och dem som påverkas negativt av ekonomiska förändringar, genom att ge dem förenklade berättelser om förlorad storhet, åtskilda identiteter och onda "andra" som bara vill förstöra för oss och måste hållas i schack med alla till buds stående medel.

Hur ska vi kunna motverka dessa högerextrema populistiska försök att undergräva mänskliga rättigheter? Om nyliberalismens pluralistiska men ytliga inkludering hade varit tillräcklig så skulle jag inte stå här och ställa frågan. Nej, det är troligt att enda sättet att förhindra etniskt våld är att adressera det huvudsakliga underliggande problemet, nämligen bristen. En typ av bristvara är förstås de verkliga materiella knappheter som plågar vår värld, vare sig de är orsakade av hierarkiska sociala strukturer, globalisering, historiska faktorer, klimatförändringar, eller andra faktorer. Men vi behöver också adressera den helt och hållet fabricerade föreställningen, som fortfarande är en inflytelserik missuppfattning, att status är en typ av bristvara, att mänsklig värdighet på något sätt är en förbrukningsvara som vi måste tävla om. Den här fabricerade föreställningen är ett bekvämt sätt att begränsa tillgången på de resurser som behövs för människans grundläggande överlevnad och blomstring, men det är en föreställning som bara förvärrar det problem som den försöker lösa genom att göra livet osäkrare och farligare för alla. Kulturella, religiösa och ideologiska skillnader är oftast sekundära i förhållande till andra faktorer som orsakar etniskt våld. Det är åtminstone min hypotes.

Efter att ha färdats över detta vidsträckta område av våld, låt mig återvända till sist till den soliga plats där jag började. Efter allt detta, är slutsatsen att vi med rätta låter oss överraskas av att finna folkmords-retorik i den hebreiska Bibeln? Är det befogat att reagera på detta som motsägelsefullt? Min slutsats är faktiskt nej. Det finns ingenting överraskande i att israelitiska texter pläderar för folkmord och våldsam fördrivning av andra människor från deras områden när demografiska och sociala förändringar gjorde livet osäkert för så många folk i det antika Västasien. Mänskliga varelser reagerar alltför ofta destruktivt på överlevnadshot, och israeliterna, eller åtminstone författarna till Femte Moseboken och Josuaboken, var inte annorlunda än andra mänskliga varelser därvidlag. Utan möjlighet att förstå de vidare orsakerna bakom sin misär, och oförmögna att åstadkomma de storskaliga förändringar som skulle behövas för att lindra sina lidanden, så fokuserade de på kortsiktiga lösningar och livsfarliga men lockande icke-lösningar, nämligen att distansera sig från och demonisera andra grupper. De blev konkurrenter istället för kompanjoner, trots att samarbete är ett mycket effektivare sätt att åstadkomma de förändringar som behövs för att stora grupper av människor ska kunna blomstra. Trots de obehag vi upplever av Femte Moseboken och de kalla kårar som Josuabokens berättelser om slakt sänder över ryggen, så förvånar de inte en historiker som analyserar våld. Under hot tar människor de flyktvägar de finner, även om stigen leder nedåt snarare än uppåt. Precis som med minnesmärket över förintelsen i Miami Beach så blir de flyende kropparna inverterade spegelbilder av sig själva. Det finns ingen väg uppåt utan bara en evig nedstigning.

Men den hebreiska Bibelns relation till våld liknar den här statyn på ett annat sätt. I statyn, och även i Bibeln, finns en väg nedåt och en väg uppåt på samma gång. Under samma period som författarna till Femte Moseboken och Josuaboken formade sina folkmords-berättelser skrev andra bibliska författare andra texter som skildrade en radikalt annorlunda syn på världen och relationer mellan mänskliga varelser. Profeten Amos levde i en pressad tid då välbärgade israeliter bedrog fattiga israeliter och grupper av människor i den här regionen var så uppfyllda av hat att de kunde tänka sig att skära upp magen på gravida kvinnor. Ändå, trots dessa omständigheter, inspirerades den här profeten till utsagan:

> Skulle ni vara förmer än nubierna för mig, ni israeliter? säger Herren. Jag förde Israel ut ur Egypten, men också filisteerna från Kaftor och arameerna från Kir (Amos 9:7).

Vilket förvånande alternativ till Femte Moseboken främlingsfientliga våldsretorik – en bild av multipla exodusar, flera uttåg, flera grupper av människor som förts till frihet av en gudom som befriar filisteer och israeliter på samma sätt. Amos är inte unik bland Bibelns böcker med en sådan universalistisk världsbild. Vi finner faktiskt liknande texter i Jesajas bok, i Mika och på fler ställen. Och det som är mest lärorikt i synnerhet med Amos, är hur han kritiserar sociala klyftor av olika slag, både kulturella och ekonomiska. På något sätt kunde han se bortom sin tids töcken och vanvett och kallade sina medisraeliter att göra det som måste göras, genom att framställa sina uppmaningar som gudomliga budskap. Eller kanske de verkligen var gudomliga budskap – vem vet? Amos hade den här tydliga visionen, liksom Mika och Jesaja, som sa:

Den dag skall komma
då berget med Herrens tempel
står där orubbligt fast,
högst av bergen, överst bland höjderna.
Alla folk skall strömma dit,
folkslag i mängd skall komma,
och de skall säga:
"Låt oss gå upp till Herrens berg,
till Jakobs Guds tempel.
Han skall lära oss sina vägar,
hans stigar vill vi följa."
Ty från Sion skall lag förkunnas,
från Jerusalem Herrens ord.
Han skall döma mellan folken,
skipa rätt bland alla folkslag.
De skall smida om sina svärd till plogbillar
och sina spjut till vingårdsknivar.
Folken skall inte lyfta svärd mot varandra
och aldrig mer övas för krig
(Jes 2:2–4, jfr Mika 4:1–3).

Ironiskt nog visar både Femte Moseboken och Jesajaboken medvetenhet om sambandet mellan materiella behov och våld. Författarna till Femte Moseboken såg behoven och drog slutsatsen att bara genom våld kan våra behov tillgodoses. Jesaja, å andra sidan, representerar motsatsen, nämligen en syn på våld och ojämlikhet som något som måste avlägsnas för att våra materiella behov ska kunna tillgodoses. Våld ger dig inte tillgång till den jord som ger dig liv, säger Jesaja till oss. Nej, det är avlägsnandet av våld som ger dig tillgång till den jord som ger dig liv. Bägge dessa synsätt, Femte Mosebokens och Jesajas, är på samma gång både sanna och falska, men bara det ena representerar en sanning som vi kan leva av, och med "vi" menar jag mänskligheten som helhet och inte bara ett fåtal privilegierade. De hebreiska skrifterna, i sin motsägelsefullhet, reflekterar alla de motsägelser, motsättningar och inkonsekvenser vi finner i den mänskliga naturen och i mänskliga samhällen.

I människan som varelse liksom i den hebreiska Bibeln ser vi två vägar. En väg leder oss genom vildmarken till det utlovade landet, men det är en väg kantad med många döda. Den andra vägen leder oss till Jahves heliga berg, men kräver av oss att inte bara vandra bredvid våra fiender men också att omvandla samma vapen vi brukade försvara oss själva med till enklast tänkbara jordbruksredskap. Vilken väg ska vi välja? Beslutet är riskfyllt eftersom vår världs framtid ligger i våg-skålen. Ändå, på denna plats för kristen guds-tjänst vågar jag mig på att säga att svaret på den här frågan redan är oss given. Vare sig vi tänker på Kristus som avvisar våldet, på hans korsfäs-telse, eller – om vi föredrar en icke-teologisk ut-gångspunkt – på de tiotals miljoner vars kroppar brutits och slaktats på den här kontinenten under de senaste hundra åren, så har vi faktiskt mer övertygande lärdomar och förebilder till vårt för-fogande än bilden av Josua och hans armés våld-samma framfart. Måtte vi, i motsats till Josua, ha åtminstone hälften av profeten Amos insiktsfulla vision och moraliska integritet, så att dessa lär-domar blir så tydliga för oss att vi aldrig någonsin mer behöver förmörka en ljus himmel med min-nesmärken över döden.

Bågen och bössan: Skjutvapen som maskulinitetssymbol i antikens Israel och dagens Amerika

Tracy M. Lemos

Inledning

Bågen var ett kraftfullt instrument, inte bara på slagfälten i det antika Västasien, utan också i den symbolvärld som folkslagen i den här regionen omfattade. Bågen var faktiskt en så betydelsefull symbol att den ibland dyker upp på de mest oväntade ställen. Efter det att Jahve, Israels gud, har hört den ofruktsamma hustrun Hannas bön i Första Samuelsboken och gett henne en son, så prisar hon honom med de här orden:

> Mitt hjärta jublar över Jahve, min styrka är upphöjd genom min Gud. Min mun hånar mina fiender, för jag gläds över din räddning… Krigarnas bågar är brutna men de stapplande utrustar sig med styrka (1 Sam 2:1, 4).[1]

---

[1] Den svenska översättningen utgår här från Lemos engelska översättning och den hebreiska grundtexten. För övrigt citeras bibeltexter ur Bibel 2000.

Vi kanske inte förväntar oss av en kvinna att fira ett barns efterlängtade födelse med hänvisningar till projektilvapen, men kombinationen är ett talande exempel på vad den här artikeln vill undersöka mer utförligt. Bågens symbolik är mycket bred till sin natur och för samman associationer till sexualitet och reproduktion med mer förutsägbara övertoner av våld. Bågens symbolik associerar också bilder av mänskliga offer med rovdjurens offer, så att gränsen mellan människa och djur överskrids. I bilden av bågen smälts olika typer av maktsymbolik samman till en enda sammansatt symbol, vilket ger den en enorm kraft, som vi ska se. Jag kommer att argumentera för att bågen och handeldvapnet[2] inte bara delar den här komplexa symboliken utan också delar vissa specifika betydelser som speglar och vidmakthåller ett visst sätt att tänka om personskap.

Personskap i det antika Israel förknippades oftast med bilder och beteenden där fysiskt våld, dominans och hypermaskulinitet var framträdande – det vill säga en extrem form av maskulinitet, det somliga kallar "toxisk maskulinitet".

---

[2] Författaren använder konsekvent *gun*, vilket i nordamerikansk kontext kan beteckna olika typer av skjutvapen, framför allt handeldvapen såsom pistol, revolver, gevär, bössa, etc. Här översätts *gun* oftast med skjutvapen, men ibland med pistol, bössa, gevär eller handeldvapen (övers. anm.).

Denna typ av dominant personskap är något som evangelierna med stor möda avvisar, vilket har viktiga implikationer för skjutvapnets plats i nutida kristnas liv, som jag kommer att förklara senare i artikeln.

Bågen i det antika Västasien

Bågen är ett mycket gammalt vapen som återfinns i de flesta mänskliga kulturer. Bågen började användas för 10–20 000 år sedan och har brukats på alla kontinenter utom av Australiens aboriginer. I det antika Västasien uppträder pilbågen för ungefär 10–12 000 år sedan.[3] Vi kan finna belägg för detta vapens popularitet i arkeologisk, litterär och visuell form. Somliga hävdade tidigare att slungan föredrogs i den här regionen, men det är ganska osannolikt. Snarare finns det bevis för att bägge vapnen användes. I den hebreiska Bibeln, eller Gamla testamentet, finns det bara ungefär ett dussin hänvisningar till slungor, men över hundra hänvisningar till bågar eller pilar, vilket verkar peka på en preferens för bågen. För att jämföra nämns spjutet nästan lika många gånger som bå-

---

[3] P. R. S. Moorey, *Ancient Mesopotamian Materials and Industries: The Archaeological Evidence* (Winona Lake, IN: Eisenbrauns, 1999), s. 61; Alan H. Simmons, *The Neolithic Revolution in the Near East: Transforming the Landscape* (förord av Ofer Bar-Yosef; Tucson, AZ: University of Arizona Press, 2011), s. 50.

gen, och båda nämns färre gånger än svärdet. De huvudsakliga orsakerna till mitt fokus på bågen i den här artikeln är att den, liksom skjutvapnet, är ett projektilvapen med lång räckvidd och att bågen användes för både jakt och krigföring, vilket är ett annat drag som den delar med geväret.

Bågen som symbol för dominant personskap

En annan viktig orsak till att fokusera på bågen i den här artikeln är att den omges av en rik och mångfasetterad symbolik. Det finns en viss enhetlighet, eller åtminstone upprepning, i hur det här vapnet symboliserades i både mesopotamiska och israelitiska källor. I en artikel från 1966 argumenterar Harry Hoffner övertygande för att bågen fungerade som symbol för både militär skicklighet och sexuell potens i det antika Västasien.[4]

Nyligen har Cynthia Chapman utvidgat Hoffners arbete i en sofistikerad diskussion av krigföringens språkbruk.[5] Chapmans analys av bågen hänvisar huvudsakligen till mesopotamiska källor, vilket inte är förvånande eftersom det finns ett

---

[4] Harry A. Hoffner, Jr., Symbols for Masculinity and Femininity: Their Use in Ancient Near Eastern Sympathetic Magic Rituals, i *Journal of Biblical Literature* 85 (1966), s. 326–334.

[5] Cynthia Chapman, *The Gendered Language of Warfare in the Israelite-Assyrian Encounter* (Winona Lake, IN: Eisenbrauns, 2004).

rikt material från den här regionen som förknippar bågen med krigföring, maskulinitet och sexuell potens. När det gäller krigföring är materialet så överväldigande att det knappt går att göra en genomgång av det, men jag nämner några av de mest signifikanta exemplen.

I det babyloniska skapelseeposet *Enuma Elish* skjuter guden Marduk en pil i gudinnan Tiamats buk för att dräpa henne, innan han sedan styckar henne och konstruerar världen av hennes kroppsdelar. I en välkänd assyrisk relief avbildas den assyriske kungen med en stor båge som han riktar mot en underkuvad stad, vars invånare porträtteras i olika ställningar av underkastelse och som avklädda, halshuggna och spetsade lik. Och i en av sina många kungliga inskriptioner säger Sennacherib:

> Jag rasade som ett lejon, så klädde jag mig i rustning och satte en stridshjälm på mitt huvud. I min vrede red jag snabbt i min upphöjda stridsvagn som nedlägger fienderna. Jag tog i min hand den mäktiga bågen som guden Assur hade givit åt mig och jag grep i min hand en pil som skär av livet.[6]

---

[6] Se Sennacheribs annaler 18, iii 1″ i engelsk översättning från RINAP (Royal Inscriptions of the Neo-Assyrian Period), *http://oracc.museum.upenn.edu/rinap/corpus/* [svensk

I de här tre exemplen, varav de två senare är från första årtusendet fvt, så ser vi tydligt en koppling mellan bågen och militär dominans i mesopotamisk mytologi, reliefer och kungliga inskriptioner.

Beläggen för bågen som symbol för sexuell potens är också tillräckligt utbredda för att anse denna koppling som bortom allt tvivel. I en mesopotamisk besvärjelse för sexuell potens läser vi: "Må kogret inte bli tomt! Må bågen inte bli slak! Låt mitt kärlekslivs kamp utkämpas!"[7]

Dessutom finner vi inte bara bilder av bågar utan ibland användes faktiska bågar i den här typen av potensritualer.[8] Intressant nog finns en rad i Jesus Syraks bok som visar att liknande föreställningar fanns i Judéen under den hellenistiska perioden. Kapitel 26 varnar för egensinniga döttrar:

Vaka strängt över en självsvåldig dotter, annars utnyttjar hon din släpphänthet... Som en törstig vandrare dricker med vidöppen mun av det vatten

---

översättning från engelskan]. För läsbarhetens skull har inte originalets parenteser tagits med.

[7] Robert D. Biggs, *Šà.zi.ga, Ancient Mesopotamian Potency Incantations* (Locust Valley, NY: J. J. Augustin, 1967), s. 37; se också besvärjelsen på s. 33.

[8] Biggs, *Šà.zi.ga*, s. 37–38.

han först får tag på, så sätter hon sig på första bästa stake och öppnar sitt koger för pilen (Syr 26:10, 12).

Som vanligt uppvisar Syrak en tvivelaktig förståelse av kvinnligt beteende. Men bortsett från det ser vi hur bågen har förknippats med sexuell potens och sexuella handlingar i källor som spänner över många olika kulturer och århundraden. Den här symboliken var säkert så utbredd på grund av pilens kapacitet att utlösas och penetrera, vilket gör associationen ganska uppenbar.

Den maskulina symboliken kring bågen, med dess militära och sexuella aspekter, förklarar nog varför mesopotamiska, hettitiska och bibliska källor så ofta antingen hotfullt beskriver, eller avbildar, hur besegrade män får sina bågar beslagtagna eller brutna.[9] Chapman redogör för det här materialet ganska detaljerat och jag citerar henne relativt utförligt här, eftersom hennes analys är övertygande:

[Assyriska] belägringsscener avbildar beslagtagna eller brutna bågar och fiendens män med hukande kroppshållning. Den assyriska kungen och hans armé avbildas alltid med sina bågar antingen

---

[9] Chapman, *Gendered Language*, diskuterar detta på s. 50–58. Materialet från Mesopotamien begränsas inte enbart till den neo-assyriska perioden; stelen från Naram-Sin är ett betydelsefullt tidigare exempel.

dragna eller burna upprätt i deportationsscener som följer slaget. Fiendernas bågar, å andra sidan, avbildas utströdda i mängder över slagfältet, brutna och övergivna bredvid liken. En scen visar en besegrad soldat som lämnar över sin båge till en assyrisk soldat. En annan scen visar en assyrisk soldat som tvingar en fiendeofficer att knäcka sin egen båge... Genom att lägga förbannelser över vasaller som underkastat sig vanhedrade den assyriske kungen manliga rivaler med ett feminiserande bildspråk.[10]

Bågen och avhumanisering

Bågar användes regelbundet både för jakt och i militära sammanhang under antiken. Det kanske inte låter som någon särskilt avancerad observation, men jag skulle vilja påstå att detta faktum är viktigt för att förstå bågens symboliska funktion i antika källor. Jag menar att detta faktum är viktigt för att förstå hur bågen kondenserar en mångfald av betydelser och omvandlar dem till en av de viktigaste symbolerna för metaforen Krig-är-jakt. Metaforen Krig-är-jakt eller, mer allmänt, Makt-är-jakt, var en genomgripande metafor i den här regionen och en underliggande metafor i hundratals antika källor som beskriver våld.

---

[10] Chapman, *Gendered Language*, s. 58–59.

Rotmetaforen, Makt-är-jakt, är inte bara en språklig utbrodering, utan är central för hur människor konceptualiserade våld i den här regionen, vilket jag argumenterar för i min bok *Violence and Personhood in Ancient Israel and Comparative Contexts*, från 2017. Men hjälp av det här sättet att tänka kan inte bara icke-mänskliga villebråd utan också mänskliga beskrivas som bytesdjur. De som förorsakar våldet beskrivs på motsvarande sätt som rovdjur, till exempel lejon, vilket vi nyss såg i Sennacheribs annaler, även om språkbruket knappast är begränsat till just den här kungens inskriptioner, eller bara till mesopotamiska texter.

Ännu mer slående än detta animaliserande våldsspråk är de konkreta animaliserande praktiker där mänskliga kroppar behandlas som djurkroppar och flås, styckas och hängs upp för allmänt beskådande. Besegrade människor både förnedras och avhumaniseras. I kontrast till detta står de personer som utför det här våldet och som därmed hävdar sina överlägsna anspråk både på manlighet och på vad jag kallar dominant personskap, en förståelse av personskap med fokus på fysisk dominans, våld och hypermaskulinitet. Denna typ av personskap var osannolikt vanlig i hela det antika Västasien, Israel inkluderat. Allt detta relaterar till bågen eftersom bågen symboliserar inte bara militär tapperhet, sexuell förmåga eller skicklighet i jakt, utan allt detta sammantaget. Den kondenserar alla dessa betydelser och fungerar som övergripande symbol för själva det dominanta personskapet.

När jag sökte i den hebreiska Bibeln efter referenser till bågen så blev jag lite förvånad över att finna så många fall där bilder av jakt och djur och våldsspråk antingen ställs direkt bredvid varandra eller uppträder med bara några versers mellanrum. Ett exempel värt att notera finns i Jeremia 50, där segerrika nationer svingar sina bågar, spjut och svärd mot Israel och mot Babylon. Vi läser:

> Israel är ett vilsegånget får, jagat av lejon. Först slukades det av den assyriske kungen, och till sist har nu den babyloniske kungen Nebukadnessar gnagt på dess ben… Sannerligen, de minsta i flocken skall släpas bort, ja, betesmarkerna skall rysa över deras öde (Jer 50:17, 45).

Kapitlet innehåller flera uppenbara hänvisningar till jakt eller djurslakt, fem hänvisningar till bågar och pilar och inte mindre än femton hänvisningar till djur, för att inte tala om allt våld mot människor som förekommer.

Föreställningar om maskulinitet som skräckinjagande och dominerande och om femininitet som svag och underordnad finns också i verserna 35–37, som påminner om förbannelser med liknande formuleringar i utombibliska källor:

> Svärd mot kaldeerna, säger Herren, mot dem som bor i Babylon, mot dess stormän och visa! ... Svärd mot dess kämpar, de skall slås av skräck! Svärd mot dess hästar och vagnar, mot legoknektarna därinne, de skall bli som kvinnor! (Jer 50:35–37)

Kapitlet exemplifierar väl det speciella tankekomplex som bågen symboliserar och där plundring, animalisering, extremvåld och maskulinitet förs nästan oskiljaktigt samman. Vi finner ännu fler hänvisningar till bågar, slaktade djur, slaktade människor, maskulin dominans och underkuvande som feminint drag i det efterföljande kapitlet, vilket ännu mer betonar hur viktigt det här tankekomplexet verkar vara i Jeremias bok.

Jeremias kapitel 50–51 ger oss ett särskilt dramatiskt exempel på det här idékomplexet, men sammanlänkandet av bågen, det jagade djuret och jagade människor förekommer också på andra ställen i den hebreiska Bibeln. Andra exempel finner vi i Ps 11, och i Jesaja läser vi:

> Han skall höja fälttecknet för ett folk i fjärran, locka det hit från jordens ände. I rasande fart skall det komma... Deras pilar är vässade, bågarna spända. Hästarnas hovar är hårda som flinta, vagnshju-

len virvlar som vinden. Deras rytande är som lejo-
nets, de ryter som unga lejon. Morrande griper de
bytet och släpar i väg det, och ingen kan rädda det
(Jes 5:26, 28–29).

Jes 13:14 beskriver mänskliga offer "[s]om skräm-
da gaseller eller får som ingen håller samman". Ett
par verser senare läser vi om hur mederna ska
använda sina bågar för att slakta de unga männen
och inte ens skona barnen (vv. 17–18) och kapitlet
avslutar med flera ytterligare hänvisningar till
djur.

Bilder av rov och ett språk där människojakt
beskrivs på samma sätt som en jakt på djur, före-
kommer tillsammans också i Klagovisorna (3:10,
52) och i Amos 2. I Sak 9 återfinns bilden av bågen
tillsammans med bilden av att dricka mänskligt
blod. Bilder av pilar, djur och våld mot människor
ser vi också sammanförda i Bileams orakel i 4
Mos 24, i 5 Mos 32, i Ps 57 och 91, i Hes 5 och 39,
och i Job 6. Vi finner ett särskilt intressant fall i
Hosea, där Jahve säger:

> För mitt folk skall jag den dagen sluta ett förbund
> med de vilda djuren, med himlens fåglar och mar-
> kens kräldjur, och båge och svärd och krig skall jag
> utplåna i landet, så att de får bo i trygghet (Hos
> 2:18).

Vi ser hur bågen förknippas med bilder av djur till och med i ett kapitel där Jahve lovar att göra slut på våldet.

Det är värt att fundera över om det faktum att bågen användes *både* för jakt och i militära sammanhang underlättade den konceptuella blandningen av jakt på djur och dödande av människor som vi finner i metaforen Krig-är-jakt. Hur uppstod egentligen Krig-är-jakt-metaforen och hur blev den så dominerande i det antika Västasiens kulturer? Jag skulle vilja föreslå att den dubbla användningen av bågen som vapen för att döda djur och för att döda människor bidrog till att blanda bilder av jakt med föreställningar om våld så att bilder av våld mot människor lättare kunde inkludera animaliserande och avhumaniserande element. Eftersom metaforer inte bara är figurativa utvikningar – ett slags mentala smycken – utan faktiskt formar våra tankar och vårt språk, så blir konsekvensen att den här konceptuella blandningen av djurjakt och människodödande inte bara påverkade hur våld symboliserades, men också hur det faktiskt utfördes.

För tydlighetens skull: jag föreslår inte att bågen ensam är ansvarig för de avhumaniserande elementen i det antika Västasiens våld och inte heller för den höga frekvens av avhumaniserande exempel vi finner i den här regionen. Men när vi ser på den här symbolens stora betydelse och det avhumaniserande våld som förknippas med den, så verkar det faktiskt som om bågen spelade en viss roll i bevarandet och spridandet av det vålds-animaliserings-hypermaskulinitetskomplex som jag kallar för dominant personskap.

Skjutvapnet som djur- och människodödande maskin

Jag tror att många läsare redan har börjat göra egna jämförelser mellan bågen i det antika Väst-asien och geväret eller pistolen i dagens Ame-rika.[11] Parallellerna mellan bågen och handeld-vapnet är många, som jag ser det, även om an-vändning och symbolik inte alltid korresponderar helt. Vad gäller militär användning så är skjutva-pen definitivt ett av de viktigaste vapenslagen för vår tids militärer. Jag tror inte det behövs några belägg för att hävda detta. Inte heller behövs några belägg för att påstå att gevär används för jakt. Det här är självklara ting som visar på den kanske viktigaste likheten skjutvapnet har med

---

[11] Lemos utgår från en amerikansk kontext, men mot bakgrund av den stora vapenspridningen och ökade antalet skjutningar i Sverige kan frågan sägas vara lika relevant här. Jfr *https://www.svt.se/nyheter/inrikes/trots-rimfrost-antalet-skjutningar-okar* (hämtad 22 maj 2020) [övers. anm.].

bågen: bägge används för att döda både människor och djur.

Men innan jag utvecklar detta ytterligare så vill jag ge lite mer belägg för hur vanlig och utbredd jakten är i Förenta Staterna, för det har att göra med några av de poänger som jag strax kommer till. I en rapport från USA:s inrikesdepartement 2016 så rapporteras att 11,5 miljoner människor jagade det året, vilket var en minskning med två miljoner från föregående år. Trots att detta innebar en avsevärd nedgång i popularitet för jakt och bara ynkliga 3,5 procent av USA:s befolkning deltog i jaktaktiviteter – om nu jaktlicenser något så när speglar omfattningen – så vill jag hävda att jagande och bilder av jakt har spelat stor roll i det amerikanska medvetandet. Detta gäller särskilt i vissa regioner och bland vissa undergrupper. Medan endast en procent av människorna i min hemstat, Rhode Island, betalar för jaktlicenser, så är siffrorna för South Dakota runt 26 procent och för Wyoming 22. Och även om andelen i Texas bara är runt fem procent så handlar det ändå om mer än en miljon människor.[12] (Och jag räknar

---

[12] Siffrorna för 2018 är från US Fish and Wildlife Service och kan ses på *https://wsfrprograms.fws.gov/subpages/license info/Natl%20Hunting%20License%20Report%202018.pdf* (hämtad 9 mars 2019). Se också *https://business.realtree.com /business-blog/where-find-hunters-state-state* (hämtad 18 februari 2019).

här bara antalet licensinnehavare per stat, inte det totala antalet licenser, brickor, tillstånd eller stämplar, som många gånger är långt högre.) En riktig slutsats i ljuset av de här siffrorna verkar vara att processandet av jagade djurkroppar för konsumtion är vanligt i vissa regioner i USA och var ännu vanligare tidigare.

Om så är fallet verkar det också befogat att undersöka om det faktum att jakt är så vanlig också bidrar till en slags glidning i bildspråket, en slags glidning mellan dödandet av djur och dödandet av människor, i amerikaners medvetanden, precis som fallet var med bågen i det antika Västasien. Faktum är att vi utan svårigheter finner många exempel på sådana glidningar. Exemplen återfinns i litteraturen, filmen, televisionen och, dessvärre, i det faktiskt utförda våldet.

Låt mig börja med novellen "The Most Dangerous Game" av Richard Connell, som publicerades första gången 1924. I den här skönlitterära berättelsen blir amerikanen Sanger Rainsford, på väg till storviltsjakt i Amazonas, istället fast på en ö. Där jagas han själv av en rysk aristokrat vid namn Zaroff. Den här berättelsen om jägaren som blir jagad anpassades för film och radio och kom att inspirera episoder i ganska många TV-serier: *Wild Wild West, Gilligan's Island, Bröderna Cartwright, Fantasy Island, Simpsons, The Hulk, Cri-*

minal Minds, Law and Order: SVU, The Blacklist,
Game of Thrones och åtskilliga fler. Den har också
inspirerat filmerna *Rovdjuret, The Running Man*
och *Hunger Games.*[13]

Mer besvärande är att Zodiak-mördaren, en
seriemördare aktiv i norra Kalifornien under
1960- och 70-talen, citerade den här berättelsen i
ett brev till tidningsredaktionerna i trakten av San
Francisco. Även om det inte är lika tydligt att se-
riemördaren Robert Hansen, aktiv i Alaska under
1980-talet, var uttryckligen inspirerad av berättel-
sen, så uppvisade hans kidnappning av och jakt
på kvinnor med hjälp av kniv och skjutvapen tyd-
liga likheter. Det är också värt att notera att upp-
finnarna av paintball inspirerades av berättelsen
"The Most Dangerous Game", liksom av önskan
att återskapa rushen efter buffeljakt i Afrika i
form av ett spel, även om det handlade om en
slags jakt på människor utan dödlig utgång.[14] Och

---

[13] Se The Most Dangerous Game på Wikipedia för en
lång lista av TV-shower, filmer och andra verk som inspire-
rats av den här korta berättelsen: *https://en.m.wikipedia.org/
wiki/The_Most_Dangerous_Game?wprov=sfti1&fbclid=IwA
R15lWj5UzBVwMusyhzx3nyfC7jitfNkQVZQ1emYWPiIENkb
DQ85ZdkhDI* (hämtad 18 februari 2019). I somliga av dessa
fall så kan det handla mer om likhet än om direkt påverkan,
men det spelar inte så stor roll för min argumentation.

[14] Dessa exempel återfinns också i Wikipedia-artikeln
som hänvisas till i föregående fotnot.

det finns fler exempel från amerikansk kultur som inte inspirerats av just den här berättelsen men mer direkt av verkligheten bakom jakt och våld, på temat att döda människor som man dödar djur, inklusive filmerna *Deer Hunter* och *Apocalypse*. Vi har också fallet Mel Bernstein, den store vapenhandlaren kallad "Dragon Man", som refererar till vapnen han säljer som "människojaktgevär", enligt *GQ Magazine*.[15]

I såväl det antika Mesopotamien som i de bibliska källorna kan vi se en symbolisk glidning där bilder av jakt på djur som byten flyter samman med bilder av jakt på människor som byten, och med bågen som symboliskt nav. Mot bakgrund av alla de exempel jag just radat upp från amerikansk film, television, litteratur och det verkliga livet, så framstår det ofantligt tydligt att den här symboliska glidningen återspeglas i amerikansk kultur, men med skjutvapnet som symboliskt nav.

Är skjutvapnet en symbol för maskulinitet och virilitet liksom bågen var? När vi utvärderar den frågan kan vi knappast ignorera vare sig dess beskaffenhet som projektilvapen eller dess form. Kanske är det därför som en nära relation mellan skjutvapen och maskulinitet refereras och diskuteras så ofta, både i akademiska texter och i popu-

---

[15] Se *https://www.gq.com/story/dragonman-mel-bernstein -sells-people-hunting-guns* (hämtad 18 februari 2019).

lära publikationer som *USA Today*. I boken
Masculinities skriver Raewyn Connell:

Det är en kliché att pistolen är en penissymbol lik-
som ett vapen. Organisationer för skjutvapen upp-
visar en konventionell maskulin kulturstil... Skjut-
vapenlobbyn behöver knappast anstränga sig för
att förmedla att politiker som tar våra skjutvapen
från oss kastrerar oss.[16]

Även om vapenorganisationerna under senare år
har försökt sig på att nå även kvinnor så tror jag
att Connells bedömning likafullt håller. Vapen-
världen är en maskulin värld centrerad kring dö-
dande av djur, militärt bildspråk och självför-
svarsspråk, som alltid involverar möjligheten att
skjuta och döda människor. Den maskulina do-
minansen över skjutvapnens värld kan exempli-
fieras av en studie från 2015, där bara 12 procent
av kvinnorna rapporteras äga skjutvapen, mot 32
procent av männen.[17] Något som förstärker och
reflekterar skjutvapnens maskulina symbolik är

---

[16] Raewyn W. Connell, *Masculinities* (2 uppl.; Berkeley,
CA: University of California, 2005), s. 212. Boken public-
erades första gången 1995.
[17] Se Deborah Azrael, m.fl., The Stock and Flow of U. S.
Firearms: Results from the 2015 National Firearms Survey,
RSF: Russell Sage Foundation Journal of the Social Sciences
3.5 (2017), s. 39.

det faktum att det finns så många exempel på pistolformade sexleksaker och skämtprylar, exempelvis penisformade vattenpistoler, att köpa över nätet. Detta visar att en mycket rå koppling faktiskt finns i åtminstone somliga människors medvetanden mellan skjutvapen och penisar.

Likheterna i symbolik mellan bågen och skjutvapnet borde vid det här laget vara klara och tydliga. Bägge förknippas med maskulinitet och virilitet, med jakt, och inte minst av allt med en glidning, ja faktiskt, de underlättar bägge en glidning från dödandet av djur till dödandet av människor. På så vis kan både bågen och skjutvapnet förknippas med en avhumanisering av mänskliga offer, med en process där dödandet av mänskliga varelser ibland jämställs med dödandet av djur eller där till och med de mänskliga offren själva jämställs med bytesdjur, i källor där våld som utförs med båge och skjutvapen som redskap beskrivs.

Betydelsen av evangeliernas avståndstagande från dominant personskap

Likheterna mellan skjutvapnet och vad det symboliserar och bågen och vad den symboliserar spelar roll för kristna. Och det beror inte på att Nya testamentet skulle ha massvis att säga om bågar, för så är det inte. Vi behöver ta ett bredare grepp för att se betydelsen av likheterna som jag har tecknat. Om bågen är den paradigmatiska symbolen för dominant personskap så är det väl i högsta grad logiskt att fråga sig vad Nya testamentet har att säga om dominant personskap, eller för att vara mer teologiskt rakt på sak, vad Jesus har att säga om dominant personskap. Vad säger inkarnationen, korsfästelsen och uppståndelsen om dominant personskap?

Som jag ser det så handlar ett av evangeliernas viktigaste budskap om att avvisa den här föreställningen om status byggd på våld, hypermaskulin dominans och avhumanisering av underordnade människor. Avvisandet av detta är en av de huvudsakliga teologiska slutsatserna av korsfästelsen. Jesus var ingen mänsklig kung, han var ingen krigare, han var inte ens medlem av en segerrik grupp, utan hörde snarare till en grupp människor som besegrats gång på gång under antiken. Han reste sig inte upp och slog ihjäl dem som angrep honom. Han placerade inte sin hand på sina fienders nackar. Han var inget rytande lejon som sökte efter byte. Han var inte skräckinjagande. Nej, han var torterad. Hans kropp genomborrades, spetsades, hängdes upp naken till allmänt beskådande, precis som kropparna av assyriernas offer. Israeliterna som så ofta blev utsatta för detta avhumaniserande våld kritiserar ibland det dominanta personskapet, men ofta längtar de efter, och ber Jahve om, att själva få överta de dominerandes ställning. Vi läser texter som talar om vedergällning, om ära genom att ta byte och om att vada genom andras blod.

Det här är inte den vision som Jesus Kristus förverkligade utan snarare motsatsen. Hans korsfästelse tillbakavisar på det mest dramatiska sätt föreställningen om att Gud ger sitt bifall till dem som tar byte av andra mänskliga varelser. Det är anmärkningsvärt att så många kristna inte verkar se detta. Till och med författaren av Uppenbarelseboken, en bok som på ett flagrant sätt återfaller i denna längtan efter avhumaniserande makt, efter att rida genom floder av mänskligt blod (Upp 14:20) precis som de assyriska kungarna skröt om att göra – till och med den författaren insåg inte detta. Det är klart att med en bibelsyn där Uppenbarelseboken ges samma tyngd som evangelierna så skulle det vara möjligt att rättfärdiga inte bara dominant personskap utan också dess mest kraftfulla symboler, bågen såväl som skjutvapnet. Men detta är i mina ögon en mycket tveksam teologisk hållning.

Om det finns två radikalt olika strömningar i Nya testamentet vad gäller frågor om våld och avhumanisering, varför skulle vi då inte välja den som följer Jesu egna ord och tar hans egen död som exempel? Varför skulle vi välja skjutvapnet, en symbol och ett instrument för våld, framför korset, tortyrredskapet på vilket Jesus Kristus berövades allt och slaktades på det mest förnedrande sätt? Att hålla fast vid skjutvapnet och korset på samma gång är en motsägelse – och även om det mänskliga livet är fullt av inkonsekvenser så måste vi öppet och ärligt fråga oss själva om den här extrema motsägelsen är meningsfull, om den ens är möjlig, om vi tänker att vapenvåldet alltid kommer att övermanna korset, det som är så tungt att vi inte kan hålla något annat i händerna medan vi bär det.

Om vi är rädda för vad förlusten av skjutvapnen skulle ta ifrån oss – maskulin dominans, en känsla av kontroll och handlingskraft i en värld av våld – så behöver vi bara se på det exempel som Jesus gav, en man som förlorade sin maskulina dominans tillsammans med sin kroppsliga integritet. Nej, Jesus var inget lejon som röt efter rov, men vi vet vem som låg bakom hans liv. Det livet visar oss på en bild och en symbolik som är långt mycket kraftfullare än berättelserna om dominant personskap. Dominant personskap reducerar både angripare och offer till en identitet som helt hänger på våld och hur parterna relaterar till detta våld.

Evangelierna öppnar en vidsträckt horisont med möjligheter för mänskligt liv. Men det är tydligt att vi bara kan förverkliga de här möjligheterna om vi förkastar den typ av personskap som aldrig gjort annat än förhindrat dem. Och om bilden av den korsfäste Kristus inte skulle vara motivation nog för att ta det här steget så säger logiken och det sunda förnuftet att vi inte kan påstå oss förkasta något utan att också förkasta dess symboler och dess känslokalla verktyg. Antingen ser vi alla mänskliga varelser som skapade till Guds avbild – eller också betraktar vi somliga människor som rovdjur och andra som byten, och låter somliga har ett värde, medan andra bara är till för slakt. Vi kan inte ha bägge synsätten samtidigt, och i den här frågan har den Gud som vi tillber gett oss klara fingervisningar, inte bara genom Jesu ord men också genom Jesu korsfästa kropps exempel.

Ett annorlunda slut

Jag skulle kunna sluta här, men det skulle vara alltför enkelt. Som varje tänkande person inser, väcks många praktiska frågor när vi säger att kristna ska förkasta dominant personskap med alla dess symboler. Vi behöver ärligt fråga oss om det alls är möjligt att skilja skjutvapen från dominant personskap. Kan den högst skadliga symboliken förknippad med ett sådant personskap på något vis separeras från skjutvapen? Om inte, ska vi då dra slutsatsen att en kristen aldrig ska arbeta som polis eller säkerhetsvakt? Ska vi dra slutsatsen att en kristen över huvud taget inte kan bruka skjutvapen?

Det här är besvärliga frågor, men det finns många fler frågor som relaterar till det här ämnet och som vi kan ställa oss, beträffande maskulinitet och kristendom, självförsvar och kristendom, jakt och kristendom – ja, listan kan göras oändlig. Det finns inte utrymme att diskutera alla de här frågorna och jag skulle bara kunna erbjuda halvt genomtänkta svar på många av dem om jag försökte. Trots en stark tendens hos religiösa gemenskaper att försöka ge tydliga och enkla svar på etiska frågor, så är formandet av en kristen etik som avvisar ett dominans- och våldscentrerat personskap – och framför allt förverkligandet av en sådan etik – i verkligheten en oerhört komplicerad uppgift.

Hellre än att försöka mig på att svara på dessa svåra frågor på begränsat utrymme så väljer jag ett annat sätt att avsluta på. I det hårt polariserade politiska och sociala sammanhang som USA utgör, är det alldeles för lätt att fokusera på en känsla av överlägsenhet gentemot dem vi inte håller med, och gentemot det vi uppfattar som deras misslyckanden att handla som vi anser att de borde. Jag tror det är särskilt tydligt vad gäller skjutvapen och vapenkontroll. Om jag vågar mig på att vara personlig i ett försök att nå bortom förenklade sociala motsättningar så skulle jag vilja säga att arbetet med den här texten har gjort mig medveten om de motsägelser och symboliska gråzoner som finns i mitt eget liv, vad gäller hypermaskulinitet och dominant personskap. Den portugisiska arbetarklasskultur jag växte upp i värderade verkligen hypermaskulinitet och upprätthållandet av sociala hierarkier som fortfarande ibland grundar sig på fysisk dominans eller till och med fysiskt våld. Fast jag betraktar mig som "vänster" och en god feminist så finns det också sätt på vilka jag beundrar vissa aspekter av och symboler för hypermaskulinitet och dominant personskap på ett sätt som kanske visar på en slags ovilja från min sida att helt och fullt omfatta budskapet om Kristi fruktansvärda död.

Ett exempel kan vara min dotters namn, Cyrene. Ja, det stämmer att det var en korsvägsandakt på långfredagen som påminde mig om Simon från Kyrenes roll i Jesu lidande och därigenom fick mig att fundera över detta som möjligt namn för mitt barn. Men det som verkligen avgjorde saken var antika källor som beskriver Kyrene, Hypseus dotter, som föredrog att slåss med bronsspjut och döda vilddjur med svärd framför att väva eller äta med sina vänner – som en ung kvinna i den grekiska kulturen snarare förväntades göra. Hennes vildhet och mod drog till sig uppmärksamhet från Apollo, profetians och pestens skägglösa gud, som gifte sig med henne och tog henne till Nordafrika, där den mäktiga staden Kyrene byggdes i hennes namn.

Inspirerad av den här berättelsen gjorde jag en sköld åt min dotter som min första gåva till henne och lät tatuera ett lejon på min arm, tillsammans med ett citat på grekiska från författaren Nonnos som i översättning lyder "lejondödaren Kyrene". Ni noterar ju, kära läsare, att jag inte hämtade en enda rad från något av de synoptiska evangelierna om Simon från Kyrene eller någon bild av Simon bärande korset åt Jesus. Det finns många orsaker till att jag dras mer till de skräckinjagande aspekterna av min dotters namn än till de tjänande aspekterna. För det första är det svårt för mig som feminist att helt låta mig inspireras av bilder av tjänande, när tjänande uppgifter under så lång tid var vad kvinnor förväntades ägna sig åt, särskilt färgade kvinnor – och en färgad kvinna är just vad min dotter kommer att växa upp till. Och fast jag önskar att hon ska bli generös och kristuslik så vill jag också att hon ska bli modig och beslutsam – och allra viktigast, leva ett liv fri från underordning. Denna önskan beror inte bara på min egen oförmåga att omfatta korsets sanning, utan också på vetskapen om att olika människor i denna ojämlika kultur, detta ojämlika samhälle och denna ojämlika värld, får bära olika mycket av korsets tyngd. Det är därför som jag dras mer till Kyrene som svingar styrkesymbolerna spjut och svärd, än till Simon från Kyrene som bär korset, symbolen för svaghet.

Så visst är det begripligt, men jag måste ändå fråga mig själv: Är jag stark nog att göra mig av med mina symboler för styrka? Är jag trygg nog att göra det för att på ett fullödigare sätt tillbe en gud som tog gestalt i mänsklig svaghet? Och när jag – när vi – misslyckas i den uppgiften, vad blir priset för det misslyckandet för andra grupper av människor, för dem som förtrycks och för dem som drar fördel av symboliska eller andra strukturer som baseras på förtryck av andra? Förkastandet av ett dominant personskap får olika konsekvenser för olika människor och det är en verklighet som inte kan ignoreras när vi formulerar en kristen etik i relation till våld.

Valet av min dotters namn var ett erkännande av ett spänningsförhållande, en spänning i min identitet, men också en spänning som finns i det bibliska materialet, ett spänningsförhållande mellan en önskan om att lägga beslag på bågarna som riktas mot oss för att vi också ska få makt, och en vetskap om att det bara är genom att avskaffa det dominanta personskapet som vi kan bli verkligt fria. Israeliternas bågar är föremål i en historia av underkuvande och trauma. Men när historiska föremål inte bara är föremål utan ger liv åt en fortsättning på traumat, en historia som fortfarande lika aktivt utspelar sig i vår värld, då måste de elimineras.

Kanske är vi alltför svaga för att genomföra detta, alltför stöpta av det mänskliga livets spänningar, komplikationer och motsättningar. Men uppdraget som Kristus kallar oss att utföra är att lägga ner våra spjut och gevär, våra bågar och handeldvapen, och ta upp korset, för det är bara korset, inte bågen eller bössan, som gör uppståndelsen möjlig, för honom liksom för hela världen.

Tro & Liv Bibel

Tro & Liv Bibel är en ny serie från Teologiska Högskolan Stockholm vid Enskilda Högskolan Stockholm, med start 2020. Serien planeras omfatta relativt korta texter av allmänintresse. Vi vill förmedla bibelvetenskapliga bidrag i lättillgänglig form och i dialog med kyrka och samhälle. Publiceringen är i första hand digital och utformningen är enkel. PDF-filer går att ladda ner från *http://www.ehs.se/trolivbibel*. Formatet är anpassat så att det ska gå lätt att bläddra och läsa en sida i taget på mobiltelefon eller läsplatta. Samtidigt kan den som föredrar att läsa på papper beställa texterna som böcker via nätbokhandlarna.

Redaktör för serien är Thomas Kazen och det bibelvetenskapliga kollegiet vid THS/EHS tjänar som referensgrupp.

1. Lemos, Tracy M., 2020. *Våld och vapen i Bibelns värld och vår: Två essäer.* Tro & Liv Bibel 1. Stockholm: Enskilda Högskolan Stockholm. ISBN 978-91-982830-7-5.